HENRI
DE GISSEY.

EXTRAIT DU JOURNAL *LE THÉATRE*
Des 15, 22, 26, 29 juillet et 2 août,
Et tiré a part, avec des additions, à cent exemplaires.

Paris. — Imprimerie française et espagnole de DUBUISSON, rue Coq-Héron, 5.

HENRI DE GISSEY.

(1608-1673).

On sait en général, et on le suppose quand on l'ignore, que la place du Carrousel doit son nom au souvenir d'un carrousel. Le nombre est déjà plus petit de ceux qui le savent donné en 1662 à propos de la naissance du dauphin, et bien plus petit encore le nombre de ceux qui connaissent le nom de Henri de Gissey, l'âme de cette fête, celui qui en a dirigé toutes les magnificences et dessiné tous les costumes; mais ceux-là même qui l'ont remarqué dans le texte du magnifique volume alors publié sur ce carrousel, n'ajoutent guère de détails biographiques à ce nom cité dans une phrase. Ce sont les faits épars de cette vie ignorée, recueillis de côté et d'autre, que nous allons essayer de réunir.

Henri de Gissey paraît avoir été d'une famille d'artistes; car il est permis de le croire de la famille d'un Gissey, sculpteur sous Louis XIII. En effet, dans un des volumes des épitaphes de la ville de Paris, conservées au département des manuscrits de la Bibliothèque impériale (n° 9,480, F., p. 1515), je trouve ces deux épitaphes de Barthélemy Tremblay, sculpteur du roi, et d'un Gissey, son gendre, qui se trouvaient sur une plaque de marbre posée contre le mur au bas de la nef de Saint-Eustache :

« Louvres (1) me donna l'estre et Paris ma fortune;
J'eus l'honneur d'estre au roi ; Saint-Eustache a mes os;
Passant, au nom de Dieu, si je ne t'importune,
Durant ce mien sommeil prie Dieu pour mon repos.

Il décéda le 13ᵉ aoust 1629, l'an 61ᵉ de son âge.

(Cy-gist aussi) Gissey, le gendre
Dudit Tremblay, qui, d'amour tendre,
Mit ce monument en ce lieu.
Il eut même, en pareil office,
L'honneur de rendre au roi service.
Pour l'un et l'autre priez Dieu.

Ledit Gissey est inhumé au mesme lieu et décéda l'an 1644 (2).

Priez pour eux. »

Un autre recueil d'épitaphes de la même bibliothèque nous donne ce renseignement d'une manière plus précieuse; car dans le dernier volume de la collection faite par Clérambault (Supp. François, n° 5024, XXII, p. 69), se trouve un méchant dessin lavé, qui nous offre l'ensemble, les détails et les deux inscriptions du tombeau placé « contre le premier mur du 50ᵉ pilier au bas de la nef » ; il était de marbre noir et de pierre, et le buste, entouré de l'inscription «Barthélemy du Tremblay», était peint. Les armes, placées sur le tombeau, sont blasonnées dans ce recueil « d'argent à un olivier de sinople, au chef d'azur, à trois écussons d'argent » ; mais c'est se tromper évidemment que de parler d'un olivier; l'arbre de l'armoirie

---

(1) Louvres et le Tremblay sont dans Seine-et-Oise, arrondissement de Pontoise, et du côté de Gonnesse.

(2) Les registres de la paroisse Saint-Eustache, conservés à l'Hôtel-de-Ville, ne m'ont offert ni le nom de Tremblay au mois d'août 1629, ni le nom de Gissey dans toute l'année 1644. Peut-être faut-il croire qu'ils ne sont pas morts à Paris, et qu'ils y ont été ramenés sans que les registres aient tenu note du transport.

très peu ancienne de Tremblay ne peut être qu'un *tremble*. Ce dessin, fait probablement par un certain Florimond, dont on conserve, à la fin du volume, une lettre à Clérambault, du 18 décembre 1718, par laquelle il lui offre tous les dessins de tombeaux qu'il a faits pour lui, ce dessin, dis-je, a été gravé au trait par M. Victor Calliat, dans les planches de l'histoire de Saint-Eustache par M. Leroux de Lincy. Le premier vers de la seconde épitaphe n'y est pas complet non plus et le dessin n'indique pas de lacune ; mais on ne peut admettre que, dans une strophe, le premier vers n'ait eu que quatre pieds, alors que les autres en ont huit. Ce tombeau avait déjà été gravé, mais avec peu d'exactitude, par Michel Lasne, qui ne donne que le premier quatrain, sans les armes, sans la date de mort et sans l'épitaphe de Gissey ; mais c'est là qu'il faut chercher le portrait de Tremblay, insignifiant dans le dessin de Florimond, et par suite dans la gravure de M. Calliat. Moncornet a copié de la gravure de Lasne le seul portrait et le quatrain, en mettant sans raison aucune que Tremblay était mort à 70 ans, et la planche même de Moncornet a servi dans la suite d'Odieuvre, qui y a mis de sa grâce un *A. P. pinx.* et un *L. F. sculp.* absolument de fantaisie.

Je ne puis citer autre chose qu'une seule œuvre de ce Tremblay, qui fut pourtant sculpteur du roi à un moment où il s'est fait d'importans travaux de sculpture, et je ne sais si l'on pourrait trouver dans les livres une autre mention biographique, après celle qui est perdue dans un coin des énormes Antiquités de Paris de Sauval, (II, 306). Il y dit que Henry IV établit, en 1597, Laurent, un tapissier, dans la maison professe des Jésuites « où personne ne demeuroit depuis le parricide de » Jean Châtel, et avec lui Du Breuil, peintre fameux, et Trem-» blay, fort bon sculpteur. » Quant à l'œuvre que j'ai annoncée, et qui est maintenant détruite, c'était un des cinq bas-reliefs ajoutés au piédestal de la statue de Henri IV sur le Pont-Neuf, et c'est encore Sauval qui nous donne le nom de Tremblay dans le passage suivant (I, 236) : « Le cardinal de Richelieu, en 1635, » fit grossir les faces du piédestal de cinq bas-reliefs de bron-

» ze, qui, comme autant de tableaux, nous font voir les cinq
» principales conquêtes du grand roi, et qu'on regarde bien
» d'un autre œil que les captifs de Bourdon (c'est-à-dire Fran-
» çois Bordoni) et de Francaville ; ils furent distribués entre
» Bourdin (probablement Michel Bourdin le père), Bourdon et
» Tremblay; Bourdon en fit trois, et les deux autres furent faits
» en concurrence par Bourdin et par Tremblay. » On pourrait
dire au premier abord que cette date de 1635, donnée par Sauval
et par l'inscription (Voy. Piganiol, t. II, p. 54-7), fait penser
qu'il s'agit d'un autre Tremblay, le nôtre étant mort en 1629;
mais il n'est pas douteux qu'il ne fût longtemps avant question
de ces bas-reliefs. Jean Baudoin, en 1628, dans les notes de sa
traduction de Tacite (p. 857-8), en parle comme s'ils existaient,
et cite même leurs inscriptions latines, ce qui prouve que, s'ils
n'étaient pas en place, ils étaient déjà faits et connus. L'idée
de ces bas-reliefs venait même de Francheville, mort depuis
longtemps; car Louis Savot, dans son *Discours sur le colosse
du grand roi Henry*, etc. (Paris, Nic. de Montrœil, in-8° de 24
pages), parle du modèle en petit que Francheville lui a fait voir
du piédestal avec ses esclaves et ses bas-reliefs; la pièce n'a
pas de date, mais elle est évidemment antérieure à la mort de
Francheville, et celle-ci est arrivée avant 1618, puisque, dans
l'inscription des esclaves, qui est de cette année (1), Bordoni,
son gendre, dit les avoir achevés. Il est donc certain qu'on s'est
occupé des bas-reliefs bien avant 1635, et, par conséquent, que
le Tremblay de ce passage de Sauval est bien notre artiste.

Pour la seconde épitaphe, elle est nouvelle, et ce nom d'un
Gissey, sculpteur, n'était pas encore connu. C'était peut-être
le propre père de celui dont nous nous occupons ; car ce dernier, étant, comme on le verra, mort en 1673, à 65 ans, devait

---

(1) On sait que ces quatre esclaves, après avoir passé par le Musée des Petits-Augustins, sont arrivés au Louvre. Trois portent l'inscription suivante : A PIETRO FRANCAVILLA CAMARCENSI (*sic* pour *Cameracensi*), INVENTVM ET INCEPTVM FRANC. AVTEM BORDONI FLORENTINVS PERFECIT LVTETIÆ AN. DOMINI MDCXVIII.

être né en 1608. Florent Le Comte (*Cabinet d'Architecture*, éd. de Paris, III, 130) et les registres de l'Académie le disent né à Paris, ce qui cadrerait très bien avec notre supposition de le rattacher à une famille établie dans cette ville.

La première mention que nous ayons de Henri est bien tardive ; car elle n'est pas antérieure à 1656, époque à laquelle il avait déjà quarante-huit ans. C'est à l'occasion de la course de bague qui eut lieu au palais Cardinal le 27 mars 1656 (1). Nous ne savons si déjà Gissey était en charge, et si c'est lui qui a dessiné les costumes ou les devises ; mais toujours est-il que, soit qu'il ait contribué en quelque chose à cette fête, soit qu'il en ait été seulement l'historien, il a publié cette même année, en un recueil, les gravures des boucliers et de leurs devises. Le volume, petit in-4°, se compose de 27 planches ; la première est occupée en haut par les armes du duc de Guise, et en bas par ce titre : « Les emblesmes et devises du roy, des princes » et seigneurs qui l'accompagnèrent en la cavalcate royale et » course de bague que sa majesté fit au palais Cardinal. 1656. » Recueillies et dédiées à son altesse de Guise par Gissey. Avec » privilège du roy. » La seconde, également gravée, offre une épitre dédicatoire ; nous avons trop peu de prose de notre Gissey pour ne pas la reproduire en entier, en faisant remarquer que je ne puis dire quel est *ce livre de plus grands desseins* qu'il annonce, et qui ne paraît pas avoir été imprimé :

« A son Altesse de Guise.

» Monseigneur,

» Dans le dessein que je me suis proposé de présenter
» à V. A. ces emblesmes que j'ay mis au jour suyvant le
» favorable adveu qu'elle me fit la faveur de me donner,
» je n'ay pas cru qu'il fust de la bienséance de mettre le pa-
» négirique d'un si grand Prince à la teste d'un si petit ouvrage,

---

(1) On en avait fait la répétition le 16 (*Gazette de France*, p. 288.)

» et, laissant à nos plus célèbres écrivains toutes les actions
» illustres de votre vie, je n'ay regardé que vostre magnificence
» et vostre bonne grâce dans cette superbe cavalcate où paru-
» rent ces belles devises. Je say, Monseigneur, la parfaite in-
» telligence que vous avez de tous les beaux-arts et le géné-
» reux accueil que vous faites à tous ceux qui les exercent no-
» blement, et, bien que je n'aye pas la témérité de me dire de
» ce nombre, je suis persuadé que, si V. A. a toutes les lu-
» mières pour découvrir les beautez d'un travail, elle n'a pas
» moins d'indulgence pour en excuser les défautz. Je prépare
» un livre de plus grands desseins que j'espère donner au pu-
» blic souz les auspices de V. A., et je pourray protester
» alors, avec une hardiesse plus pardonnable, que je suis,
» Monseigneur,
    » De vostre Altesse,
    » Le très humble et très fidelle serviteur,
        » GISSEY. »

Après cette épître, viennent vingt-cinq planches représentant les boucliers, chargés de devises, du roi et des vingt-trois seigneurs qui formaient les quatre quadrilles; la gravure est anonyme, mais d'une eau-forte assez libre et spirituelle, et Mariette, dans ses notes manuscrites (II, 289), l'attribue à l'un des Cochin du dix-septième siècle, mais sans dire auquel des deux il la donne, de Noël ou de Nicolas. Après le livre gravé vient une plaquette de douze pages : « Explication des emblesmes et de-
» vises du présent livre. A Paris, chez Antoine de Sommaville,
» au Palais, sur le deuxiesme perron, allant à la Sainte-Cha-
» pelle, à l'Escu de France, 1657. Avec privilége du roy. »
L'auteur, qui ne voulait parler que des devises, et qui est peut-être Gissey, apprend fort peu de chose et volontairement: « Car,
» dit-il, dans l'avis au lecteur, j'ay jugé qu'il estoit à propos
» d'instruire le lecteur du sens et du sujet de chaque devise,
» sans pénétrer toutefois dans l'intention particulière de leurs
» autheurs. En effet, je ne doute point, qu'outre la générale
» explication que je leur donne, chaque paladin n'eût encore

» quelque secret caché qui n'étoit déclaré qu'à fort peu de per-
» sonnes. Mais cela n'est pas venu jusqu'à ma connoissance, et,
» quand je le sçaurois, ce seroit désobliger ces illustres amans
» que d'aller conter leurs amoureux mystères. » Quoi qu'il en
soit, si l'on veut des détails sur cette fête, il les faut aller chercher dans l'*Extraordinaire* de la Gazette du 1ᵉʳ avril 1656
(pages 337-48.)

Cinq ans plus tard, en 1661, nous le trouvons déjà en pos-
session de sa charge, au moins en fait. C'est dans l'incendie
de la petite galerie du Louvre, arrivé dans la nuit du samedi
au dimanche 6 février. Mazarin, nous disent les Mémoires inédits de Loménie de Brienne (1828, II, 110), faisait préparer, dans
la galerie des portraits des rois, un magnifique ballet, dont la
décoration devait être des colonnes de brocatelle d'or, à fonds
vert et rouge, découpée à Milan, quand le feu prit par hasard
dans cette magnifique décoration, par l'imprudence d'un me-
nuisier, nous dit Brice, et consuma le théâtre et la galerie. Gissey était l'ordonnateur de cette fête ; car Loret, dans
la curieuse relation de sa burlesque Gazette, nous apprend que,
par suite des devoirs de sa charge, Gissey s'était trouvé avoir
eu le bonheur de sauver, pour les avoir fait retirer quelque
temps auparavant, afin de faire place aux machines du ballet,
un certain nombre de ces fameux portraits qui faisaient l'or-
nement de cette première galerie, promptement remplacée par
les splendeurs, bientôt parfaites, de la galerie d'Apollon (1) :

> Ces beaux portraits d'antiquité,
> Dont on voyoit là quantité,
> Ayant l'air, les traits et les marques
> De nos reines, de nos monarques
> Avec leurs anciens atours,
> Et des illustres de leurs cours,
> Princes, seigneurs et grandes dames,
> Ne périrent point par les flammes ;

---

(1) Voyez, pour plus de détails, l'excellente monographie de
M. de Chennevières : *Notice historique et descriptive sur la
galerie d'Apollon au Louvre*, 1852, in-12 de 84 pages.

Car, par l'avis du sieur Gessé,
Desseignateur, maître passé,
On avoit, depuis trois semaines,
Mis ailleurs ces rois et ces reines,
Dont pluzieurs, de cela ravis,
Bénirent ce donneur d'avis.

Peut-être son nom est-il encore prononcé dans quelque préface de ballets ; mais Benserade, qui ne manquait pas, lorsqu'il publiait tous ses vers insipides, écrits pour ces ballets, d'y mettre son nom, se gardait bien de parler de l'artiste, qui était vraiment chargé de la fête et qui seul l'avait faite belle, ou plutôt il n'y pensait même pas.

Il s'en faut même de bien peu que nous n'ignorions la part prise par Henri de Gissey au splendide Carrousel donné par le jeune roi devant son palais des Tuileries, sur l'emplacement du jardin de Mademoiselle ; car le nom de notre artiste ne se trouve que dans un passage de la courte préface mise en tête du magnifique volume gravé par Chauveau, et dont toutes les planches existent à la Calcographie du Musée du Louvre. Il y est dit (page 8) que tous les costumes ont été dessinés par lui, et qu'il en a dirigé la gravure : « Parceque la magnificence,
» et particulièrement l'entente ingénieux des habits, fait une
» partie essentielle de ces sortes de spectacles, on a cru né-
» cessaire d'en faire une sorte de description, exacte et dans
» le détail, de chaque habillement ou du moins des principaux,
» et même d'en graver les figures, dont le sieur Gissey, dessi-
» nateur du cabinet du Roy, a eu la conduite après les avoir
» desseignées et inventées. » Gissey ne fut pas seul à s'occuper de cette fête ; De Pure, dans son livre : *Idée des spectacles anciens et nouveaux* (page 191), nous apprend que Vigarani le père fut celui qui disposa les amphithéâtres et prit toutes les dispositions matérielles. Pour ce splendide Carrousel, chanté par Fléchier en vers latins, par Loret en vers français, décrit par Mme de Villedieu et par un extraordinaire de la Gazette, et le plus beau du dix-septième siècle, après celui fait en 1612, cinquante ans auparavant, à la Place Royale, nous

renvoyons au volume spécial que nous avons indiqué, et surtout aux deux merveilleux exemplaires coloriés, conservés, l'un au cabinet des Estampes de la Bibliothèque impériale, et l'autre, colorié par Jacques Bailly lui-même (1), qui l'a signé, à la Bibliothèque de Versailles (2). Nos lecteurs y verront, mieux que par toutes nos descriptions, la magnificence inouïe, l'élégance, la variété, et parfois la bizarre singularité des ajustemens. Nous les renverrons aussi, comme document, à un très méchant tableau des galeries de Versailles, qui est peut-être de Gissey. Le manque de perspective et de composition, l'éparpillement systématique des personnages pour les montrer des pieds à la tête, la maladresse de l'exécution, peuvent bien être le fait d'un homme qui compose, règle et ordonne une réalité, mais ne sait pas en rendre l'effet, et veut seulement conserver le souvenir des costumes et du dessin de l'ensemble.

Malgré cette inhabileté, si cependant le tableau est de lui, ce qui peut bien ne pas être, Gissey n'en fut pas moins, l'année qui suivit, et non pas dès l'origine, comme on l'a écrit par erreur, reçu à l'Académie de peinture, le 31 mars 1663, en qualité d'ingénieur et dessinateur des plaisirs du roi, et il est certain qu'il le dut à la beauté et au succès de toutes ses imaginations, qui, un an avant, avaient paradé d'une manière si éclatante devant le palais. Aussi Félibien dit-il de lui (X° entretien) : « Bien
» que Henry Gissey ne fût pas peintre, il étoit, toutefois, de
» l'Académie, parce qu'il dessinoit assez bien et avoit la charge
» de dessinateur ordinaire des ballets du roi. » Le Brun, qui,

---

(1) C'est sur les dessins de ce Jacques Bailly, peintre en miniature, de Graçay, près Bourges, que Leclerc a gravé tous les boucliers de ce carrousel de 1662. Voyez sur Jacques Bailly, arrière grand-père du maire de Paris, la note de l'Abecedario de Mariette (I, 1853, p. 51-2).

(2) Il a dû en être peint d'autres exemplaires, ou des personnages séparés, que ceux-ci conservaient en souvenir de la fête où ils avaient figuré ; nous en avons vu autrefois, dans les portefeuilles des dessins du Louvre, quelques épreuves séparées, enluminées avec encore plus de richesse.

en 1663, faisait ouvrir la porte de l'Académie à tous les brevetaires du roi, a dû, si même il n'obéissait pas à un desir royal, saisir d'autant plus une occasion aussi signalée d'y faire entrer un homme dont l'influence et la faveur pouvaient ajouter à la sienne propre pour le bien de l'Académie.

C'est probablement aussi vers cette époque que Gissey fut logé par le roi dans un des logemens consacrés, sous la grande galerie du Louvre, aux illustres artisans. Le X⁰ quatrain des *Quelques peintres, sculpteurs et ingénieurs logés dans les galeries du Louvre,* dans le très singulier et très curieux *Paris* de l'abbé de Marolles, l'y met parmi d'autres artistes :

Mellan, Bimbis, Gessé, Dorigni, des Martins.

Il est singulier qu'il soit rangé parmi

Les bons *peintres* logés dans l'enceinte du Louvre,

alors qu'il eût été beaucoup mieux placé auprès de Vigarane, son ordinaire compagnon ; mais Marolles n'y regardait pas de si près. Nous regrettons de ne pas savoir l'année où ces vers ont été écrits, car l'année de la publication, étant 1677, ne nous donne aucun renseignement, puisque Gissey était mort.

En dépit du mot de Félibien, il est à croire que Gissey n'était pas un bien merveilleux dessinateur ; c'était surtout un inventeur, ce qui était de beaucoup le plus important dans son office, où l'exécution était à peu près tout entière l'œuvre des tailleurs et des décorateurs de tout genre. Cependant, il paraît s'être essayé à la gravure ; car le père Lelong, dans le catalogue de portraits de sa *Bibliothèque de la France*, et M. Robert-Dumesnil dans son *Peintre-Graveur Français* (IV, 22-4) lui attribuent avec toute probabilité — le dernier en a rencontré une épreuve avec les mots *Gissé inc. et gr.*, d'une écriture contemporaine — une estampe, gravée d'une pointe spirituelle et *à la peintre,* comme dirait Mariette. C'est un portrait de Scaramouche, ce Tiberio Fiorelli qui fut l'un des plus célèbres acteurs de la comédie italienne sous Louis XIV. On voit que notre Gissey était toujours dans le même milieu, les comédiens et les représentations théâtrales étant alors de toutes les fêtes, et c'est au milieu d'elles qu'il se sera lié avec le bouffon italien.

Scaramouche, dans son costume noir, est vu à mi-corps dans un ovale de pierre sur lequel on lit : *Scaramuzza so! memeo squaquerra*, ce qui revient à dire à peu près : « C'est moi qui suis Scaramouche, le fameux farceur. » A ce cadre de pierre est attachée, par les ceintures à boucles du costume du bouffon, une guirlande de légumes, de choux et de concombres. A droite, l'on voit une guitare, une cage, une râpe à fromage, un plat de lazagnes; à gauche, une maîtresse oie entourée d'œufs, dont quelques-uns éclosent, une marmite avec son couvercle et une cuiller, et enfin une guitare retournée et un arc. Tout cela est traité d'une pointe un peu rude et lourde, mais ferme, spirituelle, et pleine de caractère et d'accent. Au bas, on lit ces vers, en dialecte napolitain, que je transcris en les ponctuant et en corrigeant quelques fautes du graveur :

> Son figlio de Cocummero Cetrulo
> Et de madamma Papara trent' ova;
> Son nato a Picorto, e cresciuto a Pejulo.
> Che de la chiazza mie ne fara prova,
> Me partye de Napoli figliulo,
> Che tata e mamma non se seppe nova;
> Ma de tornare n'aggio una gran voglia,
> Sol per manguare maccharune e foglia.

A côté, se trouve cette traduction française qui les rend à peu près :

> De Concombre Citrouille et de la mère œuvée,
> Dame l'Oye, à Picorte, un jour je fus esclos ;
> Et Pejoule esleva cette belle couvée
> En un certain taudis qui n'est pas des mieux clos ;
> De Naples je partis, et quittai la boulie ;
> Depuis, papa, maman, n'ont rien de moy appris ;
> D'y retourner aussy je n'eus jamais envie,
> Que pour manger des choux et des macarons frits.

Un peu après, on coupa le bas de la planche où étaient ces deux inscriptions, et l'on la tira avec un texte imprimé, pour en faire une parodie des thèses ornées de portraits, comme on en publiait alors. C'est à Scaramouche que la thèse est dédiée par Asinus Asinonius, qui s'engage, dans son épître dédicatoire, à ne rien dire à propos, et qui au dessous met des positions burlesques en vers italiens et français ; la bibliothèque Sainte-Geneviève en possède un exemplaire, le seul que nous connaissions. Enfin, M. Robert-Dumesnil nous apprend encore que cette même planche a été employée pour décorer l'almanach nouveau pour l'an bissextil M.DC.LXIV.

Les feux d'artifice étaient aussi l'occasion de triomphes pour notre artiste ; car Robinet, le continuateur de Loret, bien plus méchant encore que son modèle, et qui ne serait presque pas lisible s'il n'avait l'intérêt de parler beaucoup du théâtre de son temps, et, par suite, beaucoup de Molière et de ses pièces, Robinet, dis-je, dans sa lettre du 11 septembre 1667, parle avec grand éloge de celui qu'on venait de faire tirer le vendredi précédent à l'occasion de la prise de Lille :

> Mais, quoy, tous ces feux ordinaires
> Etoient ce soir-là feux vulgaires ;
> Et, pour en voir de tout nouveaux,
> Tout spirituels et tout beaux,
> Et remplis de galanteries,
> Chacun courut aux Thuileries,
> Où notre roy victorieux
> Sera mieux logé que les Dieux.
> Là, Gissey, le concierge habile
> De ce merveilleux domicile,
> Par une façon d'éclairer,
> Qu'on ne peut assez admirer,
> N'étant point du tout coutumière,
> Peignoit avec de la lumière,
> Dont les yeux étoient éblouis,
> Les rares exploits de Louis.

Suit une longue description du feu d'artifice ; qu'il suffise de savoir que le roi s'y voyait en Apollon, vainqueur de la Fraude, de la Rébellion, de l'Injustice et de l'Ignorance. Sous les pieds du roi était le globe du monde entièrement couvert des fleurs de lys de France, en même temps que de tous côtés,

> Par l'effet des mêmes clartez
> Se voyoient des masses tracées
> De serpens, toutes enlacées
> Avec des sceptres couronnés.

Le spectacle avait eu tant de succès, qu'on en demanda, à ce qu'il paraît, une seconde représentation : car Robinet termine en disant :

> Mais Gissey doit, sur nouveaux frais,
> Retracer ces brillans portraits,
> Car ce conquérant plein de gloire...
> Vient, avec ses fameux guerriers,
> D'achever de peindre l'Espagne,
> Même au milieu de sa campagne.

La relation de la fête de Versailles du 18 juillet 1668 (Imp. royale, 1679, in-folio, p. 4) parle incidemment de lui : « Le » sieur Vigarani eut ordre de dresser le théâtre pour la comé- » die ; le sieur Gissey d'accommoder un endroit pour le bal, et » le sieur Le Vau, premier architecte du roy, un autre pour le » bal. » L'année suivante, Robinet le cite de nouveau (lettre du 17 août 1669), et cette fois encore avec Vigarani qui se trouvait toujours avec lui, comme ayant dirigé la fête donnée le dimanche précédent à Versailles par le roi au prince de Toscane. Il y eut églogue de bergers dans la fameuse grotte, représentation et bal dans l'orangerie toute décorée de feuillages verts. Enfin, ajoute Robinet, qui met en marge « Ces » décorations et illuminations se firent par les soins des sieurs » Iessé et Vigarani » :

> Enfin, mille feux d'artifices,
> Pour comble de tant de délices,
> Aux fanfares de vingt clairons
> Eclatèrent aux environs,

Qui, secondez par de grands thermes,
Pour qui me manquent les beaux termes,
Produisirent jusques au ciel
Un beau jour artificiel
Qui passait celui de Diane.

La vieillesse, comme on voit, n'apportait point d'arrêt à la faveur de notre artiste, ni de paresse à son imagination, et, si les chroniqueurs du temps eussent été plus soigneux, nous aurions bien d'autres mentions de son nom qui devait être de toutes les fêtes. En 1670, nous savons par deux gravures qu'il fut chargé de deux fêtes, mais funèbres cette fois, ce qui était aussi bien dans les devoirs de sa charge, comme il est arrivé à tous ses successeurs, à Berain, aux Slodtz, à M. de Bonneval. Ils avaient alternativement à s'occuper de bals et d'enterremens, à disposer des girandoles joyeuses ou de lugubres chapelles ardentes, à élever un palais enchanté ou un catafalque; le tout avec les mêmes moyens, des charpentes, des toiles peintes, des sculptures, beaucoup de plâtre, beaucoup d'ouvriers, peu de temps et beaucoup d'argent.

L'une de ces fêtes est la pompe funèbre du duc de Beaufort, célébrée à Notre-Dame-de-Paris le 13 août. On sait que le duc de Beaufort, qui était grand amiral de France, était mort devant Candie, dans une campagne contre les Turcs, et déjà le 23 septembre l'église d'Ara Cœli, à Rome, avait eu sa cérémonie et son cénotaphe inventé par le Bernin (1). A Paris, tout le chœur de Notre-Dame était tendu avec des rames et des ancres pour ornemens. L'immense cénotaphe, qui montait aussi haut que la galerie, avait, sur son soubassement, des combats et des trophées maritimes, sur le piédestal, les armoiries du duc, de grande dimension, et, aux coins, des figures à demi décharnées, assises sur un enroulement et supportant sur leurs bras élevés une corniche. A l'étage supérieur, chaque côté offrait des figures allégoriques assises et séparées par des trépieds posés aux

---

(1) Robinet en parle à la date du 26 octobre; à la date du 9 septembre, il avait parlé d'une autre célébrée à Monte-Cavallo.

quatre coins sur la partie portée par les squelettes. L'autre fut le mausolée de *Madame*, Henriette-Anne d'Angleterre, qui s'éleva à Saint-Denis le 21 du même mois d'août, en face de la chaire où monta Bossuet pour dire sa sublime oraison funèbre. Sous un baldaquin suspendu à la voûte, s'étageaient des gradins en chapelle ardente, aux quatre coins de laquelle se trouvaient, sur des socles, quatre figures assises et s'appuyant contre un trépied. Les deux planches sont de Lepautre, et la première est dédiée par Gissey au duc d'Aumont (1).

Cette année même, nous le trouvons occupé de soins bien différens, et presque le rival de Gringonneur, puisque, si le travail dont nous allons parler n'était en rien un jeu de cartes, il était cependant exécuté comme l'auraient été des cartes peintes avec le plus grand luxe. En effet, les comptes inédits des dépenses des bâtimens du roi, qui contiennent toute l'histoire de l'art au dix-septième siècle, et dont la publication serait si désirable à tous les points de vue, et même si nécessaire, nous offrent, pour cette année 1670 (p. 182-5), ces mentions singulièrement curieuses :

« Du 27ᵉ septembre. — Au sieur Gessey, pour employer au
» payement de partie des petittes figures de soldatz composant
» une armée de XX escadrons de cavallerie et de X bataillons
» d'infanterie de carte que Sa Majesté a commandé estre faite
» pour Monseigneur le Dauphin, la somme de. . 6,000 livres.

» Du 26ᵉ octobre.—A Henry Jessey, pour employer au paye-
» ment des ouvriers qui travaillent à faire une petite armée
» pour Monseigneur le Dauphin. . . . . 6,000 livres

» Du 24ᵉ novembre. — Au sieur Jessey, pour employer
» au payement de la petitte armée de Monseigneur le Dau-

---

(1) Nous n'avons pas trouvé une tête de Maure d'après Gissey, pièce gravée par Michel Lasne et indiquée par Mariette dans son catalogue manuscrit de l'œuvre de ce graveur. Mariette cite aussi, dans son Cat. des Cochin, deux génies portant l'un un chapeau et l'autre un faisceau d'armes aux côtés des armes du cardinal Mazarin, comme gravés d'après Gissey.

» phin . . . . 10,000 livres.

» Du 18ᵉ décembre. — Au sieur Jessey, pour employer au
» payement des ouvriers qui travaillent à faire la petite armée
» de cartes de Monseigneur le Dauphin. . . . . . 4,000 livres

» Du 28ᵉ décembre. — Au sieur Jessey, pour employer au
» payement de ladite armée de cartes. . . . . 2,000 livres.

» Du 11ᵉ febvrier 1671. — Au sieur Gissey, pour parfait rem-
» boursement de 28,963 livres 14 sous, à quoy monte la des
» pence de la petitte armée de cartes de Monseigneur le Dau-
» phin . . . . 963 livres 14 sous. »

Le royal élève de Bossuet, qui avait alors huit ans, étant né le 1ᵉʳ novembre 1661, a dû être bien joyeux et battre des mains quand il a vu toute cette fière armée rangée en bataille sur une table, et ce devait être une belle chose que ces miniatures qui coûtaient si près de 29,000 livres de ce temps-là. Mais les jouets ont toujours le même destin, d'être toujours détruits, souvent d'autant plus vite qu'ils sont aimés avec plus d'ardeur, et il doit y avoir bien longtemps que, de la batailleuse armée de Monseigneur le Dauphin, promptement décimée par les nombreux et sanglans combats qu'il lui aura fait livrer avec l'aide des enfans d'honneur, il ne reste plus un seul bonhomme, pas plus fantassin que cavalier, pour en dire à notre curiosité les royales magnificences, et conter en même temps les désastres de ses compagnons. Elle fut bientôt si détruite, qu'une autre, plus solide et plus riche encore, lui succéda ou lui survécut (1); car je

---

(1) Ne peut-on pas croire que la petite armée d'argent, faite pour Louis XIV, dont il est question dans cet article de la Bibliothèque de Lorraine de Dom Calmet (Nancy, in-8°, 1751, col. 271) copié par Lionnois (Hist. de Nancy, 1811, tome III, p. 314), avait été conservée, et qu'après lui elle servit aux jeux de son fils : « Charles Chassel de Nancy, très habile sculpteur
» pour la figure en petit, dont les crucifix, en particulier, sont
» très estimés. Etant allé à Paris, à cause des guerres de Lor-
» raine, il eut l'honneur de faire en petit, pour Louis XIV, une
» petite armée, tant de cavalerie que d'infanterie, et les machi-
» nes de guerre, le tout en argent, dont Chassel donnait les
» modèles à Merlin, orfèvre du roi (Louis XIII, cf. Calmet, col.

trouve, dans un compte manuscrit des dépenses particulières de la chambre du roi pour l'année 1677, conservé à la Bibliothèque de Rouen dans le fonds Leber, que le garde des armes du cabinet devait, aussi bien que des armes, avoir soin *de la petite armée d'argent de Monseigneur le Dauphin.* Celle-ci a péri comme l'autre ; car, si elle avait échappé aux hasards du jeu, plus tard, lorsque le grand roi envoya à la Monnaie fondre ses tables, ses guéridons, ses cabinets d'argent massif, la petite armée y aura été avec eux, et les petits soldats d'argent se seront changés en vrais soldats de bataille.

Enfin, après une vie certainement fort occupée, car toute cette jeune cour ne vivait que dans les fêtes, Gissey mourut à soixante-cinq ans, le 4 février 1673, date authentique donnée par les registres de l'Académie, dépouillés par M. Dussieux pour son importante liste des académiciens, publiée dans le premier volume des *Archives de l'art français.* Félibien cependant, dans son rare petit livre *Noms des peintres les plus célèbres* (1679, in-12, p. 65), Florent Le Comte, dans son *Cabinet d'Architecture*, où il lui donne, mais à tort, le prénom de Louis, disent tous deux qu'il mourut en 1674. Et même, ce qui est plus considérable, cette date est donnée par une très curieuse gravure, qui est conservée au Cabinet des Estampes, dans le recueil des Pompes funèbres, et dans le recueil connu sous le nom de Topographie d'Uxelles (vol. XV, p. 169), et qui représente la pompe funèbre de Gissey. Elle fut faite sur le dessin de *F. Fontele*, nom inconnu et peut-être estropié, et signée par *N. Bon*, nom évidemment abrégé pour Nicolas Bonnart, ce que n'a pas reconnu le père Lelong, qui a cité cette pièce, et dont l'erreur a été répétée d'après lui par M. Robert-Dumesnil. C'est un somptueux cénotaphe élevé au centre de la croisée de l'église des Augustins-Déchaussés, c'est-à-dire celle encore existante,

---

» 656), aussi Lorrain, qui les exécutait en argent, pour lui mon-
» trer le métier de la guerre ; le roi, pour reconnaître Chassel,
» lui donna un brevet de sculpteur de Sa Majesté, comme aussi
» à Chassel son fils »

qui a conservé son ancienne appellation commune d'église des Petits-Pères, et où Gissey doit avoir été enterré. En dedans d'une rangée de vases remplis de flammes, quatre squelettes assis et couverts de draperies, tenaient les attributs des arts et des sortes de cornes d'abondance d'où sortaient aussi des flammes.

Si la date de 1674, qu'on trouve sur la planche, n'est pas, comme il est à croire, une erreur du graveur, il se pourrait encore que ce fût une décoration élevée pour le bout de l'an. C'est, en tout cas, le pieux souvenir d'un ami, comme nous l'apprend la curieuse inscription inscrite au bas : *Hoc cœnotaphium Henrico Gissey, nobili Parisino, palatii regii custodi, liberalium artium peritia et morum candore etiam Ludovico Magno non parum accepto, et ab intimis et cubiculis familiari assiduo, Mathurinus Chantoiseau amico incomparabili œre suo fieri curavit in œde R. P. Heremitarum Discalceatorum ordinis sancti Augustini. Parisiis, anno MDLXXIIII.*

Le père Ménétrier avait cette pièce sous les yeux quand, dans son livre des *Décorations funèbres*, Paris, 1684, p. 322-3, il écrivait cette phrase : « Mathurin Chantoiseau, pour rendre les
» derniers devoirs d'amitié et de piété à Henry Gissey, con-
» cierge du Louvre et dessinateur des décorations de théâtre
» et des habits de ballets pour le roy, lui fit, dans l'église des
» Petits-Pères, une élévation en forme de catafalque, où il plaça
» sa représentation entre quatre figures de la mort, avec des
» pots à feu, sur trois grandes marches ornées de drap noir, lié
» et retroussé en festons. » Qu'était-ce que ce Mathurin Chantoiseau? Faut-il croire que Gissey, mort sans enfans, lui avait laissé sa fortune? Le champ des conjectures et des erreurs, par conséquent, est vaste, et je préfère n'y pas entrer. Dans tous les cas, cette inscription commémorative nous est très précieuse, en ce qu'elle nous affirme la patrie de Gissey, et nous apprend sa qualité et sa charge de membre du conseil privé du roi. Quant à celle de concierge de son palais royal, je me tiendrai plus volontiers au contemporain Robinet et à Guillet de Saint-Georges, qui le font concierge des Tuileries, qu'au père

Ménétrier, le faisant concierge du Louvre; car ce dernier, non-seulement écrivait longtemps après, mais a surtout vécu à Lyon. Les termes, dans lesquels cette inscription parle de la faveur dont il jouissait auprès du roi, sont encore aussi très remarquables, pour témoigner de la grande figure que faisait Henry de Gissey dans cette cour, qu'il charma si longtemps de la délicate magnificence de ses inventions. « Il eut pour successeur, » nous apprend Mariette dans ses notes sur l'Abecedario (Paris, Dumoulin, 1854, in-8°, tome II), « Jean Berain, qui eut pareillement
» le génie de ces sortes de spectacles; mais il parait que le goût
» de son prédécesseur était encore plus parfait. » Ainsi, notre artiste n'était pas resté au-dessous du succès et de l'imagination de Daniel Rabel, qui avait été le grand dessinateur des ballets et des fêtes sous Henri IV et pendant une partie du règne de Louis XIII.

Du reste, que Gissey soit mort en 1673 ou en 1674 (1), Berain ne lui succéda pas immédiatement, mais seulement à la fin de 1674, ainsi qu'il résulte du brevet inédit qui nous a été obligeamment communiqué par M. Lacordaire, le savant directeur des Gobelins, dont l'histoire lui doit déjà tant, et lui devra plus encore quand il aura publié le travail complet qu'il prépare et qui sera définitif. Voici ce brevet, qui nous donne aussi bien les détails de la charge de Gissey que de son successeur :

« Aujourd'huy vingt-huit du mois de décembre mil six cent
» soixante-quatorze, le Roy estant à Saint-Germain-en-Laye,
» bien informé de l'expérience que Jean Berain s'est acquise
» dans la perspective et les autres parties de la peinture, et
» voulant se servir de lui pour les inventions propres à ses di-
» vertissements, Sa Majesté lui a octroyé la charge de dessina-
» teur de sa chambre et cabinet, pour toutes sortes de dessins,

---

(1) J'ai cherché vainement la trace de son décès aux mois de février des années 1673 et 1674, dans les registres de Saint-Eustache, dont dépendaient les Petits-Pères, et dans les registres de Saint-Germain-l'Auxerrois, paroisse du Louvre et des Tuileries.

» perspectives, figures et habits qu'il conviendra faire pour les
» comédies, ballets, courses de bagues et carrousels qui seront
» représentés devant Elle et à sa cour, ladite charge vacante
» par le décès de Henri Gisey, pour par ledit Berrain l'exercer
» à l'avenir, en jouir et user, aux honneurs, franchises et li-
» bertez y appartenant, et aux gages qui lui seront ordonnez
» par les états de Sa Majesté, laquelle mande au premier gen-
» tilhomme de sa chambre et à tous autres officiers qu'il ap-
» partiendra qu'ils ayent à faire jouir ledit Berrain du contenu
» cy dessus, en vertu du présent brevet, que Sa Majesté a signé
» de sa main et fait contresigner par moy, son conseiller se-
» crétaire d'État et de ses commandements et finances.

» Signé : Louis.
Et plus bas : « Colbert. »

Henry de Gissey avait au moins une sœur ; car, dans la notice écrite par Guillet de Saint-Georges, historiographe de l'Académie de Peinture, sur le sculpteur Louis Lerambert, l'un de ses membres, nous trouvons cette phrase : « Quelque temps
» après, il épousa, après une longue recherche, Marie Gessay,
» sœur de M. Gessay, qui était un des concierges du palais
» des Tuileries, et un des peintres employés sur l'état du roi ;
» aussi fut-il reçu académicien en 1685 (*sic*). M. Lerambert et
» son épouse n'ont point eu d'enfans, mais leur union a été
» parfaite. (Mémoires inédits sur la vie et les ouvrages des
» membres de l'Académie de Peinture et de Sculpture ;
» Paris, Dumoulin, 1854, in-8°, I, 336.) » Malheureusement nous ne pouvons fixer, même approximativement, la date de ce mariage. Le fait que ce fut *après une longue recherche*, en le rapprochant de la richesse que, d'après la pompe de ses obsèques, on est fondé à supposer à Gissey, sinon même à son père, serait de nature à faire penser que notre artiste, car il ne doit pas s'agir de son père, mort en 1644, s'était opposé à ce mariage à cause de la disproportion possible entre la fortune de Lerambert et celle de sa sœur, probablement plus jeune que lui, et dont il devait être chargé. C'est, au reste, à la cour que Lerambert et Gissey ont dû se connaître. Le premier était tout-

à-fait dans le monde, et même, dit Guillet, « il composoit des
» airs de musique et en faisoit les paroles. Toutes ces gentil-
» lesses étoient alors de saison, et le temps y convenoit, puis-
» que c'étoit pendant les magnifiques plaisirs de la jeunesse du
» roi, et qui inspiroient ses vertus héroïques. Ainsi, M. Leram-
» berg, pour se conformer aux divertissemens de la cour, s'at-
» tachoit aussi à la danse, et s'en démêloit avec bonne grâce. »
Nous sommes là dans tout le milieu où vivait Gissey. Lerambert, étant né en 1614, avait six ans de moins que lui, et mourut trois ans plus tôt, le 15 juin 1670, à cinquante-six ans (1).
Si donc il ne s'est marié qu'après 1665, dernière date écrite
par Guillet, Lerambert et Marie Gissey auraient vécu bien peu
de temps ensemble, trop peu de temps même pour qu'on puisse
remarquer qu'ils n'ont point eu d'enfans, et que leur union a
été parfaite. De plus, les dates sont, par extraordinaire, singulièrement fautives dans cette notice de Guillet. Contrairement
aux registres de l'Académie, il fait naître Lerambert en 1638,
ce qui le ferait de trente ans plus jeune que Gissey, et fait re-
cevoir celui-ci académicien en 1685, c'est-à-dire douze ans
après sa mort; il est donc impossible de se fier absolument à cette
date de 1665. D'ailleurs, cette date est à une trop grande dis-
tance du passage qui nous occupe, et Guillet a, depuis, énuméré
trop d'œuvres, pour qu'il ne soit pas possible de croire que Guillet soit revenu sur ses pas, et que la mention : *Peu de temps
après*, ne soit dite que relativement à la dernière œuvre men-
tionnée, ce qui nous laisse dans toute notre incertitude (2).

On connaît encore, au dix-septième siècle, un autre Gissey,

---

(1) Liste des académiciens, d'après les registres de l'Académie, *Archives de l'art français*, 1, 361.

(2) Si les registres ne se trompent pas, et si Lerambert avait
bien cinquante-six ans en 1670, il est, par conséquent, né en
1614, et ce ne serait pas lui, comme le dit Guillet, mais un de
ses frères, que Cinq-Mars tint, au nom de Louis XIII, sur les
fonts de baptême; car Cinq-Mars n'est né qu'en 1620. Les
Lerambert ont été très nombreux, et il y aurait fort à faire pour
éclaircir leur histoire et leur filiation.

sans doute membre de la même famille, mais sans qu'on puisse assigner son degré de parenté avec notre artiste ; c'est Jean-Baptiste Gissey, graveur et éditeur, qualités alors très fréquemment réunies. Le portrait en buste de Pierre-Etienne Fournier, dit le père Martial, augustin déchaussé, d'après Blanchet (sans doute Thomas Blanchet, de Lyon), portrait que le père Lelong cite avec le seul nom de Gissey, est signé tout au long *J.-B. Gissey*. Il ne donne même pas une grande idée de ses talens ; le vêtement est traité à l'eau forte, et la tête avec une espèce de pointillé singulier, qui vise, sans y atteindre, à imiter l'admirable faire de Morin. Heinecke, à l'article de Blanchard (III, 5), cite une sainte Catherine à mi-corps, gravée par J.-B. Gissey d'après ce peintre, et il est probable qu'il en existe encore d'autres pièces. Quant à sa qualité d'éditeur, elle est constatée par un saint Paul enlevé au ciel, gravé par Claude Duflos d'après J.-B. de Champagne, avec la mention *Gissey ex.*; par un portrait in-4° de Blaise Pascal, et aussi par une autre pièce, singulière et par son inscription anglaise : « William and » Mary prince and princess of Orange 1690 » et par la manière dont elle est traitée ; elle est au burin, et les chairs sont à la manière noire, les deux personnages sont dans un médaillon posé sur un socle. Celle-ci porte la mention : « Chez Gissey, » rue Saint-Jacques, au Mont-Carmel, devant Saint-Yves. » Ces deux pièces, et encore plus une troisième signée Gissey, et représentant, d'après d'Olivet, une scène de la vie de saint Jean Facond, canonisé le 16 octobre 1690, nous prouvent que ce second Gissey était bien postérieur au premier, et vivait tout à la fin du dix-septième siècle.

Je ne terminerai pas cette notice sans transcrire un arrêt, qui se doit rapporter à celui dont nous voudrions éclaircir la vie. Cet arrêt est daté du 28 novembre 1656, huit mois après la fête du Palais-Royal, et se trouve dans un recueil (in-4° de 24 p.) d'arrêts relatifs à la juridiction du prévôt de l'hôtel, seul juge de tout ce qui concernait les personnes faisant partie de la maison du roi ou logées dans des maisons royales. Plusieurs nous offriraient des noms connus et intéressans : ceux de Daniel Du Monstier, de Simon Vouet, de Michel Lasne ; mais ils sont en dehors de notre sujet, et nous nous bornerons à reproduire la pièce qui nous intéresse et qui nous a été signalée par l'obligeance de M. Niel, dans la Bibliothèque du ministère de l'Intérieur, dont il a la garde :

« Sa Majesté ayant sçû que HENRY DE BISSEY (*sic*), sieur de
» Noiron (1), l'un des chevaux-légers de sa garde, s'étoit
» adressé au prévost de Paris, et fait informer, par-devant un
» commissaire du Chastelet, de l'assassinat intenté en sa per-
» sonne par les nommés Fontaine, Arnoul et Desforges, et, s'é-
» tant fait représenter les informations faites, tant par devant
» le commissaire Le Cerf que celles qui ont été faites au précé-
» dent par ordonnance du sieur de Beaumont, capitaine et gou-
» verneur de son château de Saint-Germain-en-Laye, Sa Majesté
» commande et enjoint au sieur marquis de Sourches, prévost
» de son hôtel et grande prévôté de France ou son lieutenant-
» général, d'instruire ledit procès. Fait défense aux autres ju-
» ges d'en prendre connaissance ; enjoint à tous ses officiers
» commenceaux, et à ceux de sa cour et suite, de n'en recon-
» noître aucun autre que ledit prévôt de l'hôtel en toutes leurs
» affaires où il s'agira du fait de la justice, ny de se pourvoir
» que par-devant luy, à peine de nullité de procédures et de
» tous dépens, dommages et intérêts. Fait à Paris, le vingt-
» huitième novembre 1656.

» Signé LOUIS.

Et plus bas..... » DE GUÉNÉGAUD, » avec paraphe.

On a dû s'apercevoir que la première lettre du nom est différente, et que, malgré l'identité du prénom, Henri de Bissey peut différer de Henri de Gissey. Cependant il est bien probable qu'il y a là seulement une faute d'impression. Ce recueil

---

(1) Il y a un certain nombre de Noiron en France, et nous ne savons duquel il s'agit ici. Il y a d'abord un Noiron dans la Haute-Saône, arrondissement de Gray ; et, dans la Côte-d'Or, Noiron-lès-Citeaux, Noiron-sous-Bèze, Noiron-sur-Seine, tous trois dans l'arrondissement de Dijon.

n'a été imprimé que plus tard — il s'y trouve une pièce de 1677 — et la correction du texte est loin d'y être remarquable. Ainsi, pour parler des noms propres, celui de la première femme de Vouet, celle qu'il avait épousée en Italie, et qu'on sait très bien s'être appelée Virginia de Vezzo, s'y trouve sous la forme Virginie de *Verri;* il y a plus loin de l'un à l'autre que de Bissey à Gissey. De plus, la qualification nobiliaire de sieur de Noiron est une raison de plus de croire à l'identité, puisque, dans l'inscription de sa pompe funèbre, nous venons de voir qu'il était aussi qualifié de noble. Si donc notre conjecture est fondée, il faudrait de cette pièce conclure quelques faits nouveaux, pour les ajouter à ceux que nous avons essayé de réunir.

Après avoir remarqué que la tentative d'assassinat doit avoir eu lieu à Saint-Germain, puisque la première information y fut faite, nous ferons observer surtout que cette pièce, en nous montrant Henry de Gissey encore dans les chevaux-légers en 1656, c'est-à-dire à quarante-huit ans, aiderait à expliquer pourquoi nous ne trouvons de mentions de travaux exécutés par lui que dans la dernière période de sa vie. Ce serait que jusque-là il ne se serait pas livré uniquement à son goût et à son talent, retenu qu'il était par les occupations de son service. Mais, en même temps, ce serait dans ce service même, au milieu des fêtes de la cour, auxquelles il a dû prendre part et dans lesquelles il a dû se distinguer, avant d'être appelé à les diriger, que ce goût serait né et se serait développé. On peut juger de sa vivacité et de sa valeur par le carrousel de 1662, qui est le triomphe de notre artiste, le point culminant et éclatant de sa vie, finie du reste à temps ; car, après sa mort, le grand roi allait de plus en plus s'éloigner des fêtes, qui avaient été la passion et la grâce de sa jeunesse, qui n'avaient pas même fini avec elle, mais qui cédèrent bientôt la place à une tristesse, et, si je puis dire, à une obscurité, qui alla toujours en augmentant jusqu'à la profonde nuit des derniers jours.

Paris. — Imprimerie française et espagnole de Dubuisson et Cⁱᵉ, rue Coq-Héron, 5.

www.ingramcontent.com/pod-product-compliance
Lightning Source LLC
Chambersburg PA
CBHW060626050426
42451CB00012B/2445